Ulrich Erckenbrecht
Nachrichten von Herrn Etzel
Afforismen und Gedichtsel
Muriverlag

Ulrich Erckenbrecht, auch unter anderen Namen tätig, veröffentlichte bisher 25 Bücher – darunter:
Mensch, du Affe;
Maximen und Moritzimen;
Katzenköppe, Aphorismen / Epigramme;
Ringelsternchen, Gedichte (2., veränderte Auflage);
Sprachdenken, Philosophische Anregungen (2., ergänzte Auflage);
Das Geheimnis des Fetischismus (2., ergänzte Auflage);
Ein Körnchen Lüge;
Divertimenti, Versammelte Aphorismen;
Die Unweisheit des Westens, Essays zur Philosophie und Sprachkritik;
Brief über Chopin, Eine passionierte Einführung in Werk und Wirkung des größten Klavierkomponisten der Weltmusik;
Grubenfunde, Lyrik und Prosa;
Elefant Kette Fuß bunne, Ausgewählte Gedichtsel;
Eulenspiegel und die Banane, Theaterstück in 4 Akten;
Hilfslinien, 234 Romanideen;
Entkürzelungen, 2., erweiterte Auflage;
Shakespeares Sonette in freier Übertragung;
Shakespeare Sechsundsechzig, Shakespeares Sonett Nr.66 in deutschen Übersetzungen;
Die Sehnsucht nach der Südsee, 3., erweiterte Auflage;
Bilder vom Rotkäppchen, 2., erweiterte Auflage;
Die Geschichte vom Rotkäppchen, Ursprünge, Analysen, Parodien eines Märchens, 15., abermals erweiterte Auflage.

1. Auflage 2017
ISBN 978-3-922494-28-7

Satz und Druck: Grafische Werkstatt, Kassel
Erckenbrecht / Muriverlag, Im Weidengarten 19,
D-34130 Kassel

Vorwort

Dieses Buch ist nach "Ein Körnchen Lüge" (Aphorismen + Gedichte, 1. Auflage, 1973), "Ringelsternchen" (1. Auflage, 1980 + 2., veränderte Auflage, 1984), "Katzenköppe" (Aphorismen / Epigramme, 1995), "Elefant Kette Fuß bunne" (Ausgewählte Gedichtsel, 2003), "Grubenfunde" (Lyrik und Prosa, 2007) und "Unter Bäumen" (Gedichte, Übersetzungen, Epigramme, 2015) meine siebte Publikation, die Lyrisches und Prosaisches enthält.

Neun der nachfolgenden Etzeliana habe ich meinen früheren Büchern entnommen. Keines dieser übernommenen Etzeliana blieb völlig unverändert. Bei den übernommenen Etzeliana habe ich teils eine überarbeitete Fassung erstellt und teils die Urfassung wiederhergestellt.

Die sprachliche Form der Afforismen (warum ich das hier mit zwei f schreibe, geht aus dem Text hervor) und Gedichtsel in diesem Buch ist mehrgestaltig: mal mit Reim, mal ohne Reim, mal mit Metrum, mal ohne Metrum, mal mit freien Rhythmen bis hin zum Prosagedicht. Ich hoffe, daß die Leser/innen an dem Parlandostil ihr Vergnügen haben werden.

Etzel, die Hauptfigur dieser Afforismen und Gedichtsel, ist natürlich nur eine Phantasiegestalt und erlebt in den verschiedensten Epochen und Weltbereichen rein imaginäre Wiedergeburten. Mit dem Etzel der Geschichte und mit dem Etzel der Heldensage hat der Etzel dieses Buches nur ganz am Rande etwas zu tun.

Wer sich für meine anderen Veröffentlichungen interessiert, in denen ich mich mit Lyrik beschäftige, der sei auf die folgenden drei Bücher verwiesen: "Shakespeares Sonette in freier Übertragung" (2000), "Shakespeare Sechsundsechzig" (eine kommentierte Sammlung von deutschen Übersetzungen des Shakespearesonetts Nr. 66 - Auflagen und Beilagen von 1996 bis 2015) sowie "Brief über Chopin" (2002).

(Die Affen von Gibraltar)

Etzel liest in einem Reiseführer,
daß auf dem Felsen von Gibraltar
die einzigen wildlebenden Affen
Europas zu finden seien.
Da Etzel gern den Dingen auf den Grund geht,
fährt er nach Gibraltar,
um dort die einzigen wildlebenden Affen
Europas eingehend zu studieren.
Doch was sieht er auf dem Felsen von Gibraltar?
Es gibt da tatsächlich Affen -
tagsüber dürfen sie sich von Touristen füttern lassen,
aber nachts werden sie zusammengetrieben
und müssen in gefängnisähnlichen Verschlägen hausen.
Etzel beschließt daraufhin,
künftig keinem Reiseführer mehr zu trauen.

(Der Elvisaffe)

Etzel hört von einer neuentdeckten Affenart,
die in einem entlegenen Gebirgswald
in Hintersüdostnordwestasien zuhause ist.
Der Affe ist schwarz, hat ein flauschiges Fell
und nach oben gerichtete Nasenlöcher;
wenn es regnet, fällt das Wasser in die Nase,
und er muß ganz fürchterlich niesen.
Um das möglichst zu vermeiden,
verzieht sich der Affe bei Regenwetter auf einen Baum
und steckt den Kopf zwischen seine Beine.
Auf dem Kopf hat der Affe eine Tolle,
die stark an Elvis Presley erinnert.
Da aber Etzel nie ein Verehrer von Elvis war,
verzichtet er darauf, den Elvisaffen aufzusuchen.

(Etzel und der Orang-Utan)

Den Spuren Pablo Nerudas folgend,
besucht Etzel den Botanischen Garten in Medan.
Dort lebte ein Orang-Utan namens Rango,
der Pablo Neruda jedes Mal freundlich empfing
und zu einem Tisch führte,
auf den er (der Orang-Utan)
mit Händen und mit Füßen hämmerte,
worauf ein Kellner mit einem Glas Bier erschien.
Doch der Orang-Utan ist den Weg des Irdischen
gegangen, und es gibt auch kein Gratisbier mehr
für Affen und Dichter in Medan.
So zieht Etzel weiter, um wenigstens noch
den Orang-Pendek, den kleinwüchsigen
Affenmenschen Sumatras, zu finden.

(Der Schimpanse Toto)

Etzel liest immer wieder eines seiner Lieblingsbücher:
Cherry Keartons Bericht über den Schimpansen Toto
(deutsche Ausgabe Stuttgart 1931).
Toto war ein Nachahmungsgenie:
er lernte, sich mit Seife zu waschen,
sich die Zähne zu putzen,
Tee zu trinken,
Pfeife zu rauchen,
Hände zu schütteln,
einzelne Wörter und Sätze zu verstehen,
eine Kirsche aus einer schmalen Flasche
mit einem langen Hühnerknochen herauszuholen,
das Lenkrad eines Autos zu halten
und mit der Eisenbahn zu fahren.
Wenn er gekitzelt wurde,
schrie er vor Lachen wie ein kleines Kind.
Nur Fußballspielen lernte er nie,
weil er Fußball mit Rugby verwechselte:
er nahm den Fußball in die Hände
und sauste blitzschnell davon.

(Der Gorilla hinter der Glasscheibe)

Etzel geht in einen zoologischen Garten,
um einen Gorilla, den König der Affen, zu betrachten.
Hinter Glas sitzt dort behäbig ein Gorillamännchen,
das sich genüßlich ein paar Bananen zu Gemüte führt.
Vor der dicken Glasscheibe sammeln sich Besucher,
die den Gorilla zu provozieren versuchen:
sie gestikulieren wild,
trommeln sich auf die Brust,
stoßen Tarzanschreie aus
und tanzen und hampeln herum.
Der Gorilla läßt sich davon nicht beeindrucken
und mümmelt weiter an seinen Bananen.
Etzel sieht: die eigentlichen Affen
sind die Menschen vor der Glasscheibe.

(Die Paviane in Kenia)

Etzel fährt in einem Bus durch Kenia.
Plötzlich hält der Bus auf offener Strecke.
Etzel beugt sich aus dem Fenster
und erblickt eine große Herde von Pavianen,
die gemächlich die Straße überquert.
Der Busfahrer hat Respekt vor den Pavianen,
aber die Paviane haben keinen Respekt vor ihm.
Eine starke Herde von Pavianen
hat nicht einmal Angst vor Löwen und Leoparden.
Die Ägypter erwiesen dem Pavian sogar
vor langer Zeit gottähnliche Ehren.
So weit geht Etzel nicht, aber immerhin:
Respekt vor den Pavianen, Achtung, Bewunderung!

(Aufgewachsen unter Kapuzineraffen)

Etzel hört vom Schicksal Marina Chaphams.
Als kleines Mädchen wird sie im Urwald Südamerikas ausgesetzt und schließt sich einer Gruppe von Kapuzineraffen an.
Sie schläft in einem hohlen Baum
und ernährt sich von Früchten, Nüssen und Kleingetier.
Wenn sie mal krank wird,
zeigen ihr die Affen eine Heilquelle.
Eines Tages kriecht sie auf allen Vieren
zu einem Indiodorf, um wieder unter Menschen zu sein.
Der Dorfhäuptling schickt sie weg und bedeutet ihr, beim nächsten Mal werde man ihr die Kehle durchschneiden.
Schließlich geht sie auf zwei weiße Jäger zu,
die mit einem Gewehr den Urwald durchstreifen.
Die Jäger nehmen sie im Auto mit
und verkaufen sie an ein Bordell.
Etzel erkennt: unter Affen geht es manchmal menschlicher zu als unter Menschen.

(Etzels Abstammungslehre)

Die Affen Afrikas haben 32 Zähne,
genau wie der Mensch.
Die Affen Amerikas hingegen
haben 36 Zähne.
Daraus schließt Etzel:
der Mensch stammt von afrikanischen Affen ab.

(Halbaffen und Anderthalbaffen)

Auf gewissen tropischen Fluren
tummeln sich Lemuren,
auch Halbaffen genannt.
Dieser Ausdruck hat nicht so viel Verstand;
er wurde aufs Geratewohl geschaffen
von intellektuellen Anderthalbaffen.
Etzel rettet die Ehre dieser Geschöpfe,
indem er sie nicht hineintut in Begriffstöpfe,
sondern sie nennt bei ihren Namen,
die sie von verständigen Leuten bekamen:
Kreaturen wie Indri, Lori, Maki, Katta und Fingertier
sind Schmuckstücke der tropischen Faunazier.
Einer von Etzels Lieblingen im Zoo ist der Koboldmaki;
er bringt ihm regelmäßig ein Stück Suvlaki,
und zum Dank tanzt der Koboldmaki
für Etzel einen tropischen Sirtaki.

(Brüllaffen)

Es gibt rote, schwarze, braune, goldene
und sonstfarbige Brüllaffen.
Bei Nietzsche liest Etzel,
daß es auch noch moralische Brüllaffen gibt.
Einer von letzteren
ist der Affe Zarathustras.

(Die badenden Makaken)

Die Makaken in den Gebirgsregionen Japans baden, wenn ihnen danach ist,
in heißen Thermalquellen.
Und im Unterschied zu den Menschen,
die in Thermalbädern ihre Zipperlein kurieren,
brauchen sie auch nichts dafür zu bezahlen.
Etzel tut es ihnen gleich,
badet kostenlos
in den natürlichen Thermalbecken
hoch oben in den Bergen Japans
und singt dabei Lieder von John Lennon
für Yoko Ono.

(Die lachenden Affen)

"Simia non ridet", der Affe lacht nicht,
schrieben die alten Gelehrten
über gefangene Affen,
die sie in ihren Käfigen beobachteten.
Etzel findet, daß gefangene Affen
auch gar nichts zu lachen haben.
Er studiert nicht die Schriften
der Stubengelehrten und Käfiggelehrten,
sondern die der Feld-, Wald- und Wiesenforscher,
die übereinstimmend feststellen,
daß freie und wilde Affen nach Herzenslust
keckern und grunzen und lachen,
und Etzel schüttet sich aus vor Lachen
über die alten, ignoranten, lachhaften Gelehrten.

(Big Foot)

Etzel sieht im Fernsehen
den Film von Patterson und Gimlin
über einen weiblichen Big Foot in Kalifornien
und erkennt sofort,
daß dieser Film keine Fälschung ist.
Fortan studiert er die Bücher von Big-Foot-Forschern,
die Spuren, Fußabdrücke und Sichtungen sammeln,
und gewinnt den Eindruck:
bis auf den heutigen Tag
leben aufrecht gehende, gorillaähnliche Affenmenschen
in Nordamerika -
von den Rocky Mountains
bis Alaska.

(Panda und Gibbon)

Etzel reist mit seiner Geliebten Ina
ins wilde, gebirgige Südwestchina.
Sie machen dort Propaganda
für das Überleben des Panda
und treffen dabei einen Gelehrten aus Nippon;
der erzählt ihnen von einem Gibbon,
welcher bisher noch in keinem Lehrbuch stand.
Und so kämpfen denn Ina und Etzel unverwandt
für das Leben der beiden Tierarten
und machen auf allen Weltreisefahrten
von China und Nippon bis Ruanda und Uganda
Reklame für den kleinen Gibbon und den großen Panda.

(Etzels ernste Version von Sonett 18)

Bist du vergleichbar einem Sommertag?
Du bist noch lieblicher und mild und lind.
Rauh zerrt der Maiwind an dem Weißdornhag,
Des Sommers Lebenszeit vergeht geschwind.
Mal ist das Licht des Himmelsaugs zu heiß,
Oft ist sein gold'ner Schein zu trüb und kalt,
Und alles Schöne wird im Zeitenkreis
Durch Zufall oder Schicksal ungestalt.
Doch *deines* Sommers Glanz ist nicht verblaßt,
Und nie verliert dein Reiz die Eigenheit,
Und nie hat Todes Schatten dich erfaßt,
Im Vers wächst du zu Ruhm und Ewigkeit.
Solang' die Menschheit atmet, hört und sieht,
Solange lebst auch du in meinem Lied.

Anmerkung 1. - Überarbeitete Fassung. Anmerkung 2. - Das Wort 'May' in der dritten Zeile des englischen Originals bedeutet nicht nur 'Mai', sondern auch 'Weißdorn'. Eine alte pommersche Schäferregel, die aus ungefähr dem gleichen Breitengradraum stammt, in dem auch Shakespeares Stratford liegt, lautet: "Die Eisheiligen kommen im Mai, wenn der Weißdorn blüht". Anmerkung 3. - Der englische Erstdruck von 1609 (siehe mein Buch 'Shakespeares Sonette in freier Übertragung / Mit einem Faksimile der Shakespearesonette nach dem Londoner Erstdruck')weist Flüchtigkeitsfehler des Setzers auf. Sowohl am Ende der 12. als auch am Ende der 14. Zeile steht fälschlich statt eines Punktes ein Komma. Das Wort 'summer' wird in der 1. Zeile mit 'u', in der 4. und 9. Zeile jedoch mit 'o' geschrieben. In der 5. Zeile wird das Wort 'sometime' ohne Bindestrich, in der 7. Zeile aber mit Bindestrich gesetzt. Als nun der etwas schlampige Setzer zu der 12. Zeile kam, setzte er vermutlich aus Versehen die Buchstabenfolge 'time', die er bereits in der 5. und 7. Zeile zweimal gesetzt hatte, noch einmal. Es gibt nur ein einziges Wort, das in der 12. Zeile statt des hier völlig sinnwidrigen Wortes 'time' Sinn macht, nämlich das Wort 'fame'. Die Wörter 'fame' und 'time' in einem handschriftlichen Text (gleiche Anzahl von Buchstaben und zwei gemeinsame Buchstaben) kann ein ohnehin schon schlampiger Setzer bei flüchtigem Hinsehen leicht miteinander verwechseln. In der 12. Zeile dieser Übersetzung steht daher das Wort 'Ruhm'. Anmerkung 4.- Text dieser Übersetzung auch in Jürgen Gutschs Buch über Shakespeares Sonett 18 (2., erweiterte Auflage, Dozwil 2017).

(Etzels Juxversion von Sonett 18)

Ja schtri schtra schtro, der Sommertag ist endlich do!
Doch du, ich weiß es eben, du bist unvergleichlich,
du bist gemäßigt, butterweich und pipapo
und hast von allen Superqualitäten reichlich.

Mal brennt das Sonnenauge ohne Unterlaß,
und öfters drückt der Sommer auf den coolen Dimmer,
auf Schönheit ist verdammte Hacke kein Verlaß,
von Treue hat das Schicksal keinen blassen Schimmer.

Wie gut, daß deine Schönheit kennt kein Sommerloch!
Du bist beständig Klasse und bist niemals fade.
Da kann der Prahler Tod sich spreizen noch und noch -
dein Trampelpfad zur Ewigkeit ist ganz gerade.

Solang' wir gucken können und nach Atem schnappen,
solange wird's auch mit uns beiden Freunden klappen.

Anmerkung.- Text dieser Version auch in Jürgen Gutschs Buch über Shakespeares Sonett 18 (2., erweiterte Auflage, Dozwil 2017) – mit satzfehlerhafter Abweichung in Zeile 12.

(Etzels Langversion von Sonett 18)

Soll ich dich keß mit einem Sommertag vergleichen? Gott behüte!
Du bist doch eigentlich viel lieblicher und ziemlich ausgeglichen.
Die Winde schütteln so brutal die kleine, süße Weißdornblüte.
Der Sommer herrscht als Pachtherr kurze Zeit, und schon ist er verstrichen.

Die Himmelsaugensonne scheint bisweilen mit zu starker Hitze,
und ihre gold'ne Lebensfarbe ist des öfteren so trübe,
und alles Schöne mindert sich mitunter und verliert die Spitze,
wird unansehnlich durch die Zufallsspiele und des Schicksals Schübe.

Doch niemals soll dein ew'ger Sommertag ein blasses Ende finden,
und niemals soll die Schönheit, die dir eignet, schwächeln und ersterben,
und niemals sollst du in der Nacht des prahlerischen Tods verschwinden -
in ew'gen Zeilen wirst du wachsen und Unsterblichkeit erwerben.

Solange Menschen atmen und solange Augen sehen können,
solange lebt all dies und wird dir ständig frisches Leben gönnen.

Anmerkung.- Text dieser Version auch in Jürgen Gutschs Buch über Shakespeares Sonett 18 (2., erweiterte Auflage, Dozwil 2017) – mit satzfehlerhafter Abweichung in Zeile 2.

(Etzels Kurzversion von Sonett 18)

Ein Sommertag du? Kein Vergleich!
Du bist doch lieb wie eh und je.
Der Sturm klopft alle Blüten weich,
Und Summertime ist schnell passé.
Die Sonne brennt mal höllisch heiß,
Und manchmal flackert sie nur trüb,
Die Schönheit endet im Verschleiß,
Das Schicksal ist ein blöder Typ.
Doch Deine Schönheit nie vergeht,
Ein Pfundskerl bleibst du immerzu,
Dem Tod entweichst du ganz beredt,
Mein Vers macht dich berühmt im Nu.
  Du wirkst für alle Zeit adrett,
  Weil du gebannt bist im Sonett.

(Die Hunnenschlacht)

"Wahrlich, wahrlich", sprach Herr Etzel,
"das gibt wieder ein Gemetzel
am Buffet, denn das Geschnetzel
schmeckte nie so gut wie jetzel!"

(Icke Norant)

Etzel macht sich bekannt
mit einem Menschen namens Icke Norant,
und Icke Norant hält ein kleines Schwätzel
mit dem gesprächigen Herrn Etzel.
Aber Icke Norant urteilt bald schon über Etzel:
"Dieser Herr für mich Retzel".

(Ildiku)

Etzel verliebte sich in eine wilde Kuh,
die sich nannte Ildiku.
Aber Ildiku tat entschwindien
mit einem Bullen nach Hinterindien.
Etzel tröstete sich mit einem sanften Reh
und vergaß sein Liebesweh.

(Die Überführung)

Etzel überführte einen Trabi
zu den Scheichs nach Abu Dhabi.
Aber in der arabischen Wüste
ging dem Trabi aus die Püste.

(Amores)

"Etzel", sagt der Dompteur Flach,
"Etzel", sagt er, "guten Tach!"

Aber Etzel, lang geweilt,
flink mit Flachens Frau enteilt,

um sie wie die Matadores
sanft zu lehren die Amores.

Dieser Ausdruck stammt aus Roma.
Was er meint, weiß jede Oma.

(Die Hutmachung)

Etzel wünscht sich einen Hut,
hat jedoch kein Geld. Nun gut,

er verschluckt Melonenkerne,
sein Gedärm hat das nicht gerne,

schon im nächsten Frühjahrslicht,
sprießt fürwahr, man glaubt es nicht,

oben auf des Hauptes Krone
eine grünliche Melone.

Und zur Freude aller Kinder
schwenkt er den Als-ob-Zylinder.

(Die Nachbarn)

Alle Nachbarn wollen gleich
imitieren Etzels Streich.

Doch was immer sie bezwecken,
nichts kann ihren Kopf bedecken.

Apfel-, Nuß- und Mandelkern
schluckt man flugs. Der Hut bleibt fern.

Auch mit Birnen, meine Güte,
erntet niemand schicke Hüte.

Selbst wer aus kaputten Wagen
und in seinen starken Magen

Stahlzylinder nimmt voll Mut,
dem wächst kein Zylinderhut.

Denn bevor du Etzel lobst,
denk an sein besondres Obst.

(Die Topfmachung)

Etzels Kunst, sie war umsunst,
keinem Nachbarn schenkt sie Gunst.

Nur die Dame nebenan
packt die Sache halbwegs an:

sie ißt ihren Blütengarten,
und sie braucht nicht lang zu warten,

bald ersteht auf ihrem Schopf
üppig, bunt ein Blumentopf.

(Klima und Esprit)

Etzel ist nervös geworden,
denn er war zu lang im Norden,
in dem Land, wo Wind und Regen
durch die grauen Städte fegen.

Ohne längeres Besinnen
fliegt er hexengleich von hinnen.
Die Devise 'Heil dich örtlich'
nimmt er antinördlich wörtlich.

In dem Süden angelangt,
tut er, was sein Herz verlangt.
Wenn die Sonne scheint aufs Hirn,
nimmt er keinen Sonnenschirm.

Eingehüllt in dünne Tücher,
klappt er zu die dicken Bücher -
weg mit Hegel, Kant, Adorno,
her mit Wasser, Sand und Porno!

Doch die mörderische Hitze
treibt das Denken auf die Spitze,
und der Traum der Dialektik
wird verwirklicht ohne Hektik:

wo das Hirn zu kochen scheint,
werden Thesen neu vereint;
Statik und Begriff zerschmelzen,
um sich lustvoll umzuwälzen.

Etzel fliegt beschwingt nach Hause
und schreibt in der Forscherklause
eine neue Theorie
über Klima und Esprit.

Jeder, der das Buch ersteht,
fühlt sich seltsam aufgedreht:
nicht mehr frierend und verhärmt,
sondern sonnenhaft erwärmt.

(Liederabend)

Etzels Hosengurt ward enger.
Hunger litt er. Doch nicht länger!
Eilends wurde er zum Sänger.

Und er würgte aus der Kehle
ein Krakeele, doch mit Seele.
Staunend hörten's die Kamele.

Tausend kriegte er bald netto,
denn er hatte stets in petto
ein gequetschtes Allegretto.

Also stimmten die Penunzen,
doch gelang es seinem Grunzen,
alle Lieder zu verhunnzen.

(Etzels Lotterlied)

Aus mir ist nichts geworden,
ich trage keinen Orden
und sitz auf keiner Pfründe.
Oh Schande, Schmach und Sünde!

Stattdessen hock ich faul
auf meinem Jammergaul
und räkele mit Fleiß
im Sattel meinen Steiß.

Wo soll das bloß noch enden?
Wer wird mir Essen spenden
und mir ein Weinchen keltern?
Schon wieder meine Eltern?

Ich pfeife drauf Dumdidel
und streiche meine Fiedel
und pfeife Dideldum
und kümmer mich nicht drum.

(Freiersfüße)

Etzel wirbt mit Saus und Braus
um eine kleine, süße Mausimaus.

Er tändelt hin und her
und auch noch kreuz und quer.

Alles keusch,
kein Geräusch.

Antwort knapp:
"Zisch ab".

Etzel raus,
bums aus.

(Etzels erstes Gedicht)

Wenn der Kneipendunst die Gehirne benebelt
und der Alkohol die Denkprozesse verlangsamt
– nein, das ist von Tucholsky.

Wenn die Blätter in den Alleen
unruhig hin und her treiben
– nein, das ist von Rilke.

Wenn die Krähen schreien
und flugs zur Stadt schwirren
– nein, das ist von Nietzsche.

Verdammter Bockmist,
mir fällt nichts ein
– ja, das ist von mir.

(Die wilde Ehe)

Etzel heiratete Kriemhild,
aber die war so wild
und sich so blutrünstig betrug,
daß ihr Hildebrand den Kopf abschlug.

(Etzels Kinder)

Nach mancherlei Liebesgestöhne
bekommt Etzel zwei Söhne,
und ebenso gerne möcht' er
nach den Söhnen noch zwei Töchter.
Eine der Töchter will er gern
verkuppeln mit dem Helden Dietrich von Bern,
doch der liebt eine Walküre, die ihm einst erschienen,
und hält nichts von irdischen Konkubinen.
Eines Tages erobert Dietrich von Bern mit starker Hand
zurück sein heimisches Lampartenland,
und Etzel mit seinen Kindern
können ihn nicht daran hindern,
daß er erneuert seine alten Schwüre
und sich verbindet mit seiner Walküre.

(Der Streifzug)

Etzel streift herum in den germanischen Wäldern
und gelangt zu den sogenannten launischen Feldern.
Da aber tritt ihm, ätsch, ein Römer entgegen
und verwehrt ihm den Zugang mit seinen Degen.
Daraufhin möchte Etzel die Stadt Rom plündern,
doch die war schon von den gotischen Sündern
unter Alarich bis aufs Hemd ausgeraubt worden,
und so wendet sich Etzel wieder nach Norden.

(Der Schatz)

In der Pußta, da war ein befestigter Platz,
dort hütete Etzel seinen Schatz,
zusammengeraubt aus vielen Ländern
und gesichert mit starken Eisenbändern.
Aber nach spätestens fünfzig Jahren
kamen die Awaren oder Janitscharen
oder andere raubgierige Völkerschaften,
die alle Kostbarkeiten an sich rafften.
So war vergeblich Etzels Müh,
der schöne Schatz, er war perdü,
und zu sagen nur noch bliebe:
über jeden Dieb kommen die Diebesdiebe.

(Der Sonntagsbraten)

Etzel setzt sich in den Kopf:
sonntags einen Hahn im Topf!
Mit Geduld und mit viel Spucke
fängt er eine fette Glucke.
Später setzte Heinrich Vier
Etzels Satz auf sein Panier.
Sonntags gibt es seitdem Hähnchen,
dir zur Freud und mir zum Gähnchen.

(Etzels Traumbaum)

Etzel hält sich nicht im Zaum
und wirft sich unter einen Pflaumenbaum.
Er kriecht darunter auf allen Vieren
und ergibt sich dem Phantasieren.
Bald erblickt er, was ihm sehr gefällt,
durch die Zweige das ganze Himmelszelt
und im Himmelszelt seine siebte,
schon lange von ihm erträumte Geliebte.
Die vorherigen sechs
waren alle bereits hopp und ex.
Diese siebte Geliebte ist freilich ein Engel
und liebt keine Menschenstengel.
Sie schwebt nur alle sieben Tage
über dem Pflaumenbaum bei jeder Wetterlage,
um Etzel zu seinem großen Schrecken
zu ärgern, zu foppen und zu necken,
bis er eines Tages, den Mund voller Schaum,
umzuhauen befiehlt den Pflaumenbaum.
Seitdem entschwebt der Engel in höhere Himmel,
und Etzel ist geheilt von seinem Fimmel.

(Etzels Nachtlied)

Mal grasen meine Pferde auf den Auen
an den schönen, blauen Donauen.
Mal stürme ich mit meinen Mannen an den Main
und weiter hinaus über den Rhein.
Mal habe ich ein hunnisches Schätzel,
mal bin ich allein, nur Etzel.

(Etzel, Betzel und Tetzel)

In der Schwalm entdeckt Etzel
eine Frauenhaube, genannt Betzel.
Davon ist Etzel so entzückt,
daß er seine Bräute damit schmückt
und sogar mit einem solchen Käppchen
sein geliebtes Schlachtroßräppchen.
Und sich selber schmückt Etzel
mit einem Ablaß, gekauft von Tetzel.

(In den Bergen bei San Francisco)

Etzel mietet einen Wagen
und fährt damit herum
in den Bergen bei San Francisco.
Als es Abend wird, beschließt er,
im Auto zu übernachten.
Das ist zwar unbequem und verboten,
aber Etzel will Geld sparen
und sucht sich ein einsames Plätzchen.
Bevor es dunkel wird,
möchte er zu Fuß die Umgebung erkunden.
Er folgt dem Lauf eines Baches
und kommt an ein Gebüsch.
Hinter dem Gebüsch tritt ein Hirsch hervor und
röhrt ihn mit breiter Brust an.
In der Hirschsprache heißt das:
"Hier ist mein Reich!"
Etzel versteht, was ihm der Hirsch mitteilen will,
verzieht sich in das Auto und legt sich zur Ruhe.
Ein Glück, denkt er kurz vorm Einschlafen,
daß es kein Wolf, kein Kojote
und keine Klapperschlange war.

(Der Kampfhund in Finnland)

Im schönen, wasserreichen Suomi
besaß einen Kampfhund eine Omi.
Sie ging zum Sonnen-Baden an den See,
der Kampfhund bewachte ihr Portemonnaie.
Etzel wollte Finnlands Seen erkunden
und hatte keine Angst vor Hunden;
er wollte (das kann man ihm glauben)
die alte Frau auch gar nicht berauben;
er spazierte nur voller Forscherdrang
an dem ihm unbekannten See entlang.
Da ertönte ein Hetzruf auf Finnisch,
Etzel dachte voll Schrecken: "Spinn isch?",
der Kampfhund mit Kampfbegier
verteidigte Omis Revier.
Etzel blieb stehen, das Hundegebiß vor Augen.
Was konnten jetzt seine Kampfkünste taugen?
Lange Sekunden verrannen,
Etzel fixierte bewegungslos den Hundetyrannen.
Endlich erkannte die finnische Großmutter:
mit Etzel war alles in Butter.
Sie gab dem Hund etwas zu fressen,
und Etzel konnte den Schrecken vergessen.

(Etzel in Australien)

Ein australisches Känguruh namens Ingo
wurde verfolgt von einem aggressiven Dingo.
Etzel beobachtete des Känguruhs List:
wie ein geschickter Artist
lockte es den Hund in einen Teich
und ergriff im Wasser sogleich
des Hundes Pfoten, um ohne Bedenken
den Dingo im Tümpel zu ertränken.
Und nur ein alter Flamingo
beklagte den dummen Dingo.

(Wiedersehen am Amazonas)

Eine 55jährige Putzfrau in Nürnberg
blättert in einer Illustrierten.
Nach einiger Zeit stößt sie auf einen Bericht
über einen 55jährigen Deutschen,
der am Amazonas Führungen für Touristen anbietet.
Das ist doch mein Ehemann, denkt die Putzfrau,
der mich vor 30 Jahren ohne Vorankündigung verließ
und von dem ich 30 Jahre lang nichts gehört habe.
Da die Putzfrau kein Geld besitzt,
um nach Brasilien zu fahren,
wendet sie sich an Etzel,
der ihr die Reise spendiert und sie begleitet.
Am Amazonas buchen sie mit anderen Deutschen
eine Tour bei dem 55jährigen Flüchtling.
Die deutsche Reisegruppe lauscht ihm vergnügt,
nur die Putzfrau weint still vor sich hin.
"Wer ist die alte Schachtel?",
fragt der 55jährige Ausreißer,
der seine Ehefrau nicht mehr wiedererkennt.
Am Ende der Tour fragt die alte Schachtel:
"Mein Gott, warum hast du mich verlassen?"
Da erkennt der 55jährige seine Ehefrau
und lädt sie in seine Hütte ein,
wo er mit einer brasilianischen Frau
und mit mehreren Kindern lebt.
Das macht die Putzfrau nur noch lauter weinen;
sie flüchtet sich in Etzels Arme,
der sie zum Flugplatz
und zurück nach Deutschland begleitet.

(Rast in Bukarest)

Etzel reiste nach Rumänien
und hörte von einem Bauarbeiter,
der gleichzeitig mit drei Frauen verheiratet war,
ohne daß dies die drei Frauen wußten.
Der Bauarbeiter schwindelte seinen drei Frauen vor,
daß er ständig an verschiedenen Baustellen
außerhalb Bukarests beschäftigt sei
und deshalb immer nur
zwei oder drei Nächte hintereinander
bei ihnen bleiben könne.
Eines Tages brach der Bauarbeiter tot zusammen,
und die ganze Sache kam heraus.
Etzel erinnerte sich an Alexander den Großen,
der mit einer baktrischen Prinzessin
und außerdem mit zwei persischen Königstöchtern
verheiratet war.
Nach dem Tod Alexanders des Großen
brachte die baktrische Prinzessin
eine der beiden persischen Königstöchter um,
indem sie sie in einen Brunnen stieß.
Über das Schicksal der zweiten persischen Königstochter
schweigen die uns bekannten Historiker.
Wie Etzel noch hörte,
vertrugen sich die drei rumänischen Witwen
und teilten die Witwenrente durch drei.

(43 Jahre)

Etzel war wieder einmal in Amerika,
in einer Stadt im mittleren Westen.
Dort trauerten zwei Familien
jahrzehntelang um ihre Töchter:
die beiden Mädchen fuhren vor 43 Jahren
mit dem Auto zur Disko in der Nachbarstadt,
doch wurden sie nie in der Disko gesehen
und kamen nie nach Hause zurück;
auch ihr Auto blieb verschwunden.
Nach 43 Jahren gab es eine ungewöhnliche Hitze;
der Fluß, der an der Straße
zwischen den beiden Städten floß,
trocknete fast vollständig aus,
und im Flußbett fand man das Auto
mit den Leichen der beiden Mädchen.

(Etzel in Kapstadt)

Etzel vernimmt in Südafrika Folgendes.
Eine 18jährige Collegeschülerin kommt nach Hause
und erzählt ihren Eltern,
an ihrem College gebe es eine Schülerin,
die ihr so verblüffend ähnlich sehe,
daß man sie immer wieder für Schwestern halte.
"Lade sie doch mal ein zu uns", sagen die Eltern.
Als die Eingeladene erscheint,
mutmaßen die Eltern sofort,
daß dies ihr Kind ist,
das vor Jahren im Babyalter
aus einem Krankenhaus entführt wurde.
Die Polizei wird gerufen, ein Gentest ergibt:
dieses Mädchen ist ihr leibliches Kind.
Die Entführerin wird verhaftet,
aber das wiedergefundene Kind weigert sich,
bei ihren biologischen Eltern einzuziehen,
und besucht ihre Entführermutter im Gefängnis.

(Sibirischer Sommer)

Etzel fährt ins asiatische Rußland
und erforscht die Taiga.
An einem höllisch heißen Tag
entledigt er sich seiner Kleider
und schwimmt in einem Waldsee herum.
Er erschrickt zu Tode, als ihn eine Hand berührt.
Als er sich umwendet, erblickt er ein altes Weib
mit langen Haaren, das ihn verzückt anstarrt.
In panischem Schrecken schwimmt Etzel ans Ufer,
rafft seine Kleider zusammen und rennt davon.
Im nächsten Dorf erfährt er,
daß die alte Frau eine harmlose Verrückte sei,
die im Sommer durch die Wälder streife
und keiner Fliege etwas zuleide tun könne.

(Stiefel einziehen)

Etzel verbirgt sich in einem Flüchtlingstreck,
der von russischen Soldaten kontrolliert wird,
und kriecht in einem Wagen unter Decken und Gepäckstücke.
"Stiefel einziehen", flüstert der Wagenlenker,
als die russischen Soldaten an den Wagen kommen.
Etzel zieht die Stiefel ein und hält die Luft an.
Die russischen Soldaten stochern mit spitzen Stangen
auf den Decken und Gepäckstücken herum
und treffen ihn in den Leib,
aber Etzel beißt sich die Lippen blutig
und gibt keinen Schmerzenslaut von sich.
Dann ziehen die russischen Soldaten weiter,
und Etzel ist gerettet.

(Mensch / Menschen)

Etzel sammelte aus der Literatur 17 Reime auf Mensch/Menschen:
Menschen – Bentschen,
Menschen – Gottfried-Bennschen,
Menschen – Hans-Christian-Andersenschen,
Mensch – Lunch,
Mensch – Lampensch,
Mensch – Göttingensch,
Mensch – abendländsch,
Mensch – Frau Ränsch,
Mensch – Bernhard Rensch,
Mensch – bench,
Mensch – Ravennsch,
Mensch – Stonehenge,
Mensch – monnaie de singe,
Mensch – intelligensch,
Mensch – French,
Mensch – identsch,
Mensch – wetterwendsch.

(Etzel im Konzert)

Etzel findet,
daß Monteverdi höher steht als Verdi,
daß die Werke Bellinis nicht belli, sondern nur bellini sind,
daß das Beste an Beethovens Oper Fidelio die Ouvertüren sind,
daß alle Fugen nach Bach gekünstelt wirken,
daß das Angenehme an der atonalen Musik die Pausen sind,
daß Berlioz vorweggenommene Filmmusik ist,
daß Schubert die Musik der lieben Engelein auf Wolke Sieben ist
und daß Adornos negatives Urteil, Jazz sei tongewordene Coca-Cola,
nicht trifft, weil nämlich Coca-Cola gar nicht so schlecht schmeckt.

(Kanarische Inseln)

Etzel und seine Freundin Maria waren
zu Besuch auf den Kanaren.
Auf Gran Canaria
fühlten sie sich als Paria.
Auf Teneriffa
waren zuviele Kiffer.
Auf Lanzarote
vermißten sie Don Quichote.
Auf Fuerteventura
lasen sie die Nachtwachen des Bonaventura.
Auf La Palma
sahen sie sich erinnert an Mahlers Alma.
Auf La Gomera
bemerkten sie die Spuren von Francos Ära.
Auf Hierro
gab's weder Bolero noch Sombrero noch Torero.
Nur auf der schnuckeligen Insel La Graciosa
fühlten sie sich wie Prinzessin Eboli und Marquis Posa.

(Südatlantik)

Etzel wandelt umher auf Erden
und kommt auch zu den Kapverden.
Er darf dort, was alle dürfen,
auf den mächtigen Wellen surfen.
Ein supermächtiger Tsunami
trägt ihn wie eine schmächtige Salami
gen Süden nach Tristan da Cunha,
wo er sich verliebt in Raiters Dunja,
die auf ihre älteren Tage
noch schöner wurde ohne Frage,
und nach längerem Für und Wider
lassen sie sich auf St. Helena nieder.

(Etzel im Himalaya)

Etzel sucht im Himalaya nach dem Yeti.
Er macht das nicht wie Krethi und Plethi,
sondern wandert herum zwischen Gipfeln und Gletschern,
um mit einheimischen Dolmetschern,
auch wenn sie nur ein bißchen Englisch stammeln,
alle Informationen über den Yeti zu sammeln.
Schließlich findet er hinter den sieben Bergen
bei Schneewittchen und den sieben Zwergen
einen Schneewittchenmenschen, der gerade zerschmilzt;
er wird von Etzel gnadenlos gefilzt
und gesteht, bevor er aufgibt den Geist,
daß er in Wirklichkeit Rumpelstilzchen heißt.

(Am Mount Everest)

Etzel bringt einen Nandu
nach Katmandu
und will es allen Nepalesen zeigen:
mit einem Vogel kann man den Mount Everest besteigen.
Doch schon im Basislager
wird der Nandu zum Neinsager;
er beginnt zu frieren
und wild zu protestieren.
So bringt denn Etzel den Nandu zu seinem Glück
zum Flughafen zurück
und setzt ihn, dekoriert mit Dahlien,
ins nächste Flugzeug nach Australien,
von wo er fliegt in großem Stile
über den Pazifik nach Santiago de Chile.

(Etzel in den Anden)

Etzel fuhr mit Kalinka
auf den Spuren des letzten Inka
nach Matschu Pitschu in den Anden,
wo sie freilich keinen Inka mehr fanden,
sondern nur Heuschreckenscharen von Touristen,
die sich herumtrieben auf allen Pisten
und pitschupatschu alles zertrampelten
und im Matschu herumhampelten.
Etzel sprach zu seiner Kalinka:
"Laß uns woandershin fahren, schöne Minka,
zum Beispiel nach Feuerland,
wohin noch kein Steuer fand".

(Robinson)

Etzel folgt dem Beispiel von Thor Heyerdahl
und überquert auf einem Floß den Kanal
zwischen Südamerika und der Robinson-Crusoe-Insel.
Dort aber wird er zum Einfaltspinsel,
trinkt zuviel Ouzo
und strandet auf der Insel von Robinson Crusoe,
wo er sich an einem schwarzen Freitag verbündet
mit einer Kneipenwirtin, von Liebe entzündet.
Und das Floß Kontiki Zwei
bricht mit der Zeit entzwei.

(Samoa)

Etzel entkommt der kneipenden Constrictor Boa
und rettet sich nach Samoa.
Er lernt kennen in Aggie Greys Hotelchen
ein polynesisches Mamsellchen.
Mit ihr auf Samoa er herumzieht
auf den Spuren von Margaret Mead,
von Derek Freeman und von anderen Weißen,
die sich der Forschung befleißen.
Und er findet heraus wie die alte Stoa:
gar nichts Besonderes ist Samoa.
Es gibt hier genauso wenig Glück und Zufriedenheit
wie in allen anderen Gegenden der irdischen Endlichkeit.
Wo du auch suchst die verwirklichte Utopie,
du findest sie nie, nie, nie.

(Suwarow)

Etzel besucht auf dem Suwarow-Atoll Tom Neale,
der dort zu finden glaubt sein Sehnsuchtsziel
und als alter Südseenomade
einsam lebt seine Robinsonade.
Bald schon tun sie sich überwerfen,
denn Etzel geht ihm auf die Nerven.
Ein echter Robinson will sein
allein, allein, allein.
Etzel vermeidet diesen Ort
und segelt weiter fort.

(Fletcher Christians Erben)

Pitcairn,
des Pazifiks Schnittkern –
hier möchte Etzels polynesische Gefährtin sehen,
wie die Nachkommen der Meuterer ihr Leben bestehen.
Als sie studiert die Leute der Bounty
auf ihrer kleinen Insel, da staunt sie.
Rund vier Quadratkilometer –
da leben sie ohne großen Zank und ohne großes Gezeter
so einigermaßen friedlich vor sich hin.
Sie machen keinen Profit und keinen Gewinn
und leben als Selbstversorger
und ohne Seelsorger.
Und von der ganzen Meuterei
ist verklungen jeder Schrei.

(Osterinsel)

In Rapa Nui hämmert Etzel wie ein Titan
auf dem Gestein herum im erloschenen Vulkan.
Er möchte ein spontaner
Bildhauer sein wie die Osterinsulaner.
Doch seine Statuetten, die scheinbar adretten,
wirken wie leblose Marionetten.
Niemand will sie aufrichten,
niemand will sie bedichten.
Keiner will sie kaufen,
sie liegen zusammen auf einem Haufen.
Darum, liebes, kleines Etzelein,
laß das Bildhauern sein.

(Hiva Oa)

Etzel am Grab von Gauguin, dem Meister der Farben,
dem seine Sinne auf Hiva Oa erstarben:
der arme Paul,
er war überhaupt nicht faul,
er malte besessen,
er hatte wenig zu fressen,
er folgte seinem Traum
im Südseeraum
mit knappem Geld
wie ein wahrer Held,
magisch
und tragisch.
Mit dem Geld, das heute seine Bilder erzielen,
könnte er den Krösus spielen.

(Ade Südsee)

Etzel nimmt Abschied von der Südsee auf Tahiti
mit seiner neuen Flamme Kitty.
Sie werfen einen kurzen Look
auf die Spuren von Wallis, Bougainville und Cook.
Sie wandern sine studio et ira
durch das zauberhafte Tal von Tautira.
Sie lassen sich durch das Musée Gauguin zwängen,
wo keine einzigen Originale hängen.
Sie spazieren etepetete
durch die Straßen von Papeete.
Sie sagen an der Pointe Venus
zu der ganzen Insel Tschüs.
Sie trinken noch eine Kokosnuß,
und dann ist mit der Südsee Schluß.

(Golf von Neapel)

Etzel fühlt sich etwas klapprig
und auch schon etwas schlapprig.
Deshalb fährt er mit einem Stapel
Geldscheine an den Golf von Neapel.
Er möchte fühlen in Sorrent,
wie die südliche Sonne brennt.
Nackt, wie die Natur ihn schuf,
will er braten am Vesuv.
Um zu fahren nach Pompei Scavi
braucht er keine Navi.
Und nach Ercolano
kommt er a no.
Auf Ischia gedenkt er zu thermalen
und sich im heißen Schwefelwasser zu aalen.
Der Gipfel vom ganzen Vergnügen:
in der Villa des Tiberius auf Capri zu liegen,
drauf in der blauen Grotte zu schwimmen
und dabei "Caprifischer" anzustimmen.
Doch nach allen diesen vielen Capriolen
gehen ihm aus die Kohlen,
und er fährt zurück an den Ort, von wo er verschwand,
entspannt und abgebrannt.

(Die neun Symphonien)

Etzel „beim Weine saß und lachte“
und hörte die Achte.

Tatatata! Die Fünfte!
Das Schicksal grollte und schimpfte.

Die Sechste – warte nur, balde,
bist auch du im Walde.

Die Siebte, voll des Glanzes,
"die Apotheose des Tanzes".

Die Dritte, Eroica –
"Veronika, der Lenz ist da".

Die Erste, Zweite, Vierte
der Ruhm nicht ganz so zierte.

Etzel hörte ergriffen die Neunte,
im langsamen Satz er weinte.

(Die Cheopspyramide)

An des Märzes Iden
steht Etzel vor Ägyptens Pyramiden.
Er zeigt an der Kasse seinen Führerschein
und kommt zum Studententarif hinein,
weil der Mann an der Kasse nicht kann distinguieren
zwischen diesen beiden Papieren.
Dann geht es aufwärts gewaltige Stufen,
die die alten Baumeister im Inneren schufen.
Mit Muskelkater kommt Etzel an in der Grabkammer,
wo vor Tausenden von Jahren mit großem Gejammer
der ruhmreiche Pharao Cheops
nach langen Regierungsjahren ging hops.
Ein zerschlagener Sarkophag steht leer herum,
die Besucher drängen sich um ihn mit Gebrumm.
Es doziert ein Architekt aus dem Schweizerland:
"Dieses Bauwerk hält jedem Bombardement stand".
Sonst gibt es nicht viel zu sehen innendrin,
und Etzel geht anderswo hin.
Zu Ehren des pyramidalen Cheops
ißt er abends Königsberger Klops.

(Andorra)

Im Lande Andorra war Etzel nur drei Stunden,
er drehte mit dem Auto ein paar Runden.
Es reiht sich dort bis zum Herzinfarkt
Supermarkt an Supermarkt.
Nur Leuten wie Jörg Wontorra
würde es länger gefallen in Andorra.

(Der Stromausfall)

Etzel ist in New York
und hört in der Carnegie Hall
einen Klavierabend von Swjatoslaw Richter.
Mitten in einem Stück gehen die Lichter aus,
im ganzen Saal ist es zappenduster,
aber Richter spielt das Stück im Dunkeln zu Ende.
Der Stromausfall dauert in New York mehrere Stunden,
erst am nächsten Morgen funktioniert alles wieder.
Neun Monate später gibt es rein zufällig
im Raum New York einen Babyboom.

(Kanada)

Etzel fliegt von den USA
ins weite, breite, bereite Kanada.
Er will sehen bald und bälder
die kunterbunten Wälder.
Indian summer time,
da fühlt er sich daheim.
Wo die Bären
schlemmen in Beeren
und sich für den Winterschlaf Pfunde anfressen,
möchte er das enge Europa vergessen.
Doch die Kojoten
kommen auf leisen Pfoten
und nachts um zwölfe
auch die Wölfe,
und die Grizzlies suchen in der Wildnis
Etzels appetitliches Bildnis.
Das wird Etzel zu gefährlich,
denn er liebt zwar ganz ehrlich
die Tiere auf Erden,
aber er will nicht von ihnen gefressen werden.
So nimmt denn Etzel mit Trarara
Abschied von Kanada.

(Irland)

In Irland muß Etzel sein wetterfest,
er muß mögen Bed and Breakfast,
von Ham and Eggs ein Klecks,
lauwarme Cervisia ex,
Schafe und grüne Wiesen,
regnerische Winde, die blasen zum Niesen,
Wollpullover, die kratzen,
"den Himmel überlassen wir den Spatzen",
Steinmauern, die alles begrenzen,
schrottreife Autos ohne Lizenzen,
rothaarige Keltinnen und Kelten
aus den ältesten europäischen Welten.
Etzel mag dies alles, aber nur für drei Wochen,
danach will er sein Süppchen woanders kochen.

(Wachsmaske / Metzgermesser)

In London ersteht Etzel ein Billett
für das berühmte Wachsfigurenkabinett.
Der Ruhm der Welt, hier kann er nicht vergehen,
mit allen Promis feiert man Wiedersehen.
Die 'Chambers of Horror' sind der eigentliche Clou:
dort stehen für immer und immerzu
die größten Bösewichter dieser Welt,
das ist fürwahr ein gruseliges Feld,
man sieht und hört von elenden Mördern,
die andere Menschen zum Tod befördern,
von Giftmischern, Räubern und Halsabschneidern,
sie stehen da in ihren alten Kleidern,
die Tatwaffen in der brutalen Hand,
zum ewigen Schrecken in Wachs gebannt.
Das ist für Etzels Geschmack zu stark,
er flüchtet in den Battersea Park
und ergibt sich dort in vollen Zügen
dem unschuldigen, prallen, drallen Vergnügen.

(Dänemark)

In Dänemark fühlte sich Etzel erhöht,
als er aß Rot Gröt mit Flöt,
was ungefähr heißt: rote Grütze
mit einer Milchsahnemütze.
Er besuchte die Gedenkstätte für Kierkegaard,
dem das Leben in Kopenhagen schwer ward.
In einer kleinen Stadt ein Genie –
inmitten von Dreck ein Lapislazuli.
Dem Hans-Christian Andersen der Märchen
errichtete Etzel ein Altärchen.
Was war sonst noch in Dänemark?
Gute Milch, gute Butter, guter Quark.
Einige Frauen, gewaltig wie Walküren,
schön zum Rühren, Spüren, Verführen.

(Das zu kleine Fürstentum)

Liechtenstein ist Etzel zu klein.
Was kann da schon sein?
Da ist eine einzige Burg
und maximal ein Chirurg.
Außerdem gibt es viele Bankfächer
für weißkragige Verbrecher.
Liechtenstein ist wie Andorra
ein bißchen Sodom und Gomorrha;
ein Kuriosum,
kein Faszinosum.

(Monaco)

Anders ist es in Monaco,
dort wirft sich Etzel in seinen Sakko
und spielt im Kasino
wie Venturas Lino
und trinkt auf der Promenade
teure Limonade
und beäugt die mondänen Gestalten,
die ihr Parfüm und ihr Flair entfalten,
und wie beim Großen Preis der Boliden
die Motoren der Rennwagen sieden.
Etzel trinkt sogar mit einem Prinzeßchen
ein zartes Täßchen.
"Io parlo
con lei a Monte Carlo".
Warte nur, baldi,
wirst auch du ein Grimaldi.

(Provence)

Etzel wird von französischen Freunden eingeladen,
die in der Provence ein verlassenes Kloster
gekauft und renoviert haben.
Die alten Zellen der Mönche
sind zu Gästezimmern umgebaut worden.
Der frühere Betsaal des Klosters
ist jetzt das große Musikzimmer,
wo Privatkonzerte gegeben werden.
Eine provençalische Köchin
sorgt für das leibliche Wohl:
jeden Mittag vier Gänge
und dazu Château-Neuf-du-Pape.
Nach zwei Wochen Klosterleben
fühlt sich Etzel bärenstark wie ein Zehnkämpfer.

(Der Esel von Pelekas)

In Korfu schreitet Etzel fürbaß
und wandert rüstig zum Strand von Pelekas.
Er ist zum ersten Mal in Griechenland
und liegt mit Wonne und Sonne am sandigen Strand,
drauf ißt er vergnügt ein Mittagsmahl
in einem einfachen Strandlokal.
Neró, das Wasser; Krassí, der Wein auf dem Tisch;
Psomi, das Brot; Psari, der Fisch;
so kann man schon mit vier Wörtern
die Basis der griechischen Küche erörtern.
Auf dem Rückweg zum Dorf eine seltsame Episode:
Etzel erschrickt am Berg zu Tode,
weil er einen entsetzlichen Schrei vernimmt –
das war der Todesschrei eines Menschen bestimmt!
Aber als Etzel um die Ecke biegt,
eine unendliche Lachlust über ihn siegt.
Es war nur ein griechischer Esel, der schrie.
Wie ein sterbender Mensch schrie das Vieh.
Der wahre Esel, denkt Etzel, bin ich weit und breit,
weil ich nicht wußte, wie ein griechischer Esel schreit.

(Israel)

Es ruft ein greller Pfiff
Etzel nach Tel Aviv
(frei nach Georg Kreisler
und Hanns Eisler).
Sein nächster Terminus ad quem
ruft ihn nach Jerusalem.
Beim See Genezareth
findet er sein Schibboleth.
Am besten gefällt es ihm bei der Lady
im schönen Kibbuz En Gedi.
Im Toten Meer läßt er sich treiben
und möchte gern länger bleiben.
Jedoch die Weltreisepflichten
gestatten ein Verweilen mitnichten.
Und so reist Etzel Knall auf Fall
weiter über den Erdenball.

(Goa)

Etzel schippert mit einer modernen Arche Noah
ins hitzeerfüllte indische Goa.
Kaum an Land, muß er sehen,
daß alle Leute ganz langsam gehen,
und schon nach zwei Stunden wird er erkennen:
man kann bei dieser Affenhitze gar nicht rennen.
So macht auch Etzel die indische Gangart mit
und entdeckt die Langsamkeit Schritt für Schritt.
Ganz langsam, überhaupt nicht schnell,
findet er ein passables und nicht zu teures Hotel.
Nachts wacht er auf, weil im Zimmer ein Frosch hüpft;
er jagt den Frosch, aber der Frosch entschlüpft.
Tags drauf sieht er Busladungen von indischen Touristen,
sie wollen sich schaulustig an Goas Stränden einnisten,
um nackte Hippiemädchen zu bewundern,
die auf dem Sand liegen, platt wie Flundern.
So sieht man Touristen Touristen begaffen.
Etzel fühlt sich nicht für diesen Ort geschaffen;
er hört noch ein bißchen was von Paul Anka
und schippert dann weiter nach Sri Lanka.

(Die Weddas und die Nittaewoys)

In Sri Lanka existieren die letzten Weddas, die verschonten,
die vor den Singhalesen und Tamilen die Insel bewohnten
und von denen ein paar hundert übriggeblieben sind,
versteckt hausend im Dschungellabyrinth.
Doch als sich Etzel mit Kryptozoologie beschäftigt,
da wird ihm von allen Experten bekräftigt,
daß die Weddas ihrerseits die Nittaewoys bekriegten
und sie in blutigen Schlachten besiegten.
Die Nittaewoys waren kleine Australopithecinen,
friedlich auf der Insel lebend, sonnenbeschienen,
das eigentliche Urvolk, Zehntausende von Jahren alt,
von Afrika gekommen in Zwergengestalt.
So erkennt denn Etzel voller Entsetzen,
wie sich die Unterdrückten gegenseitig befetzen.
Jeder, der unterdrückt wird, unterdrückt wieder andre,
und Etzel seufzt vor sich hin: "Ich wandre
auf dieser Welt, um zu finden ein Paradies,
aber überall ist es ein bißchen fies und mies.
Der Mensch ist stets, so wie es scheint,
des andren Menschen ärgster Feind".

(Karthago)

In Tunesien auf der Insel Djerba
vergißt Etzel alle unregelmäßigen lateinischen Verba.
Er kauft eine ziegenlederne Reisetasche
plus eine rindslederne Wasserflasche
und besucht dann in Tunis die Ruinen von Karthago,
von wo aus Hannibal, Hasdrubal und Mago
die Römer an den Rand der Katastrophe brachten
in so manchen genial durchdachten Schlachten.
Der Sieg am Trasimenischen See war freilich vergebens,
danach beging Hannibal den Fehler seines Lebens:
er hätte sofort Marhabal mit der numidischen Reiterei
nach Ostia schicken sollen frank und frei.
Sie hätten alle Schiffe beschlagnahmen müssen
und alle Brücken besetzen an den Flüssen.
So wären die Römer mit eisernem Besen
von allem Nachschub an Nahrung abgeschnitten gewesen.
Hannibal hätte sie dann nur noch zu belagern brauchen;
sie wären gezwungen gewesen, ihr Leben auszuhauchen.
Es hätte gar keine Schlacht mehr gegeben,
die Römer hätten sich vor Hunger ergeben.
Hannibal hätte alle Überlebenden als Sklaven verkauft
und anschließend auf dem Kapitol verschnauft,
er wäre der erste Kaiser Italiens geworden
und hätte in Rom geherrscht mit seinen Horden.
Caesar und Augustus hätten nicht stattgefunden,
die Römer wären aus der Geschichte verschwunden.
Dies alles denkt Etzel in den punischen Ruinen
mit schmerzlich bedauernden Mienen.

Stattdessen gab es bekanntlich Addenda
durch Catos karthagisches "esse delenda".
Die Römer drehten den Spieß herum
und schufen in Karthago ein Delirium;
sie ließen keinen Stein auf dem andern,
die Karthager mußten weiterwandern.
Auch Etzel wandert weiter auf der Welt,
er wäre gern Karthagos Held.

(Norwegen)

Dort treibt sich Etzel zunächst an der Südküste herum
und notiert in seinem Diarium,
daß er folgte Henrik Ibsens Spuren,
der als Apotheker half kranken Kreaturen.
In der Tat sind fast alle seine Dramenscharteken
so etwas wie hilfreiche Seelenapotheken.
Sodann beschaut Etzel nach einem 'Fat-Öl'-Trunk
ein paar Kilometer weiter das Atelier von Munch.
Es steht noch so da, wie Edvard Munch es verlassen,
nur die Farben mußten im Laufe der Zeit verblassen.
Noch einige Kilometer weiter Hamsuns Bauernhaus,
wo er ausfocht so manchen Strauß.
Weil's ihm zu laut war an der Durchgangsstraße
mit dem automobilistischen Gerase,
wo ihn stören konnte jeder Banause,
baute er sich weiter weg eine Arbeitsklause.
Drauf fährt Etzel nordwärts nach Bergen,
wo Edvard Grieg auf dem Hügel von Zwergen,
Troldhaugen genannt, sich mannhaft traute
und eine hölzerne Villa erbaute.
An der Seite geht ein Pfad hinunter zum See,
da steht seine Komponierhütte wie eh und je:
ein Tisch, ein Stuhl, ein Sofa, ein Klavier,
dazu noch vergilbtes Notenpapier.
In der Nähe die Insel von Ole Bull (sprich: Büll),
ein Idyll aus Meeresluft und Chlorophyll.
Auf der ganzen Insel keine Straße und kein Wagen,
man genießt die gute Luft voller Behagen.
Ole Bull war der Nachfolger von Paganini,
er konnte spielen fortissimo und con sordini,

der beste Geiger seiner Zeit,
später verfiel er der Vergessenheit.
Nur Musikfreunde wie Etzel und seine Kohorten
erinnern an ihn allerorten.

(Schweden)

Etzel lebt hier täglich wie ein Studentenknilch
von einem Hefekranz und zwei Liter Milch.
Es soll in Schweden geben viele Elche,
doch sieht Etzel nie welche.
Er reist durch fast das ganze Land,
nie kommt ein Elch über seinen Weg gerannt.
Wölfe und Bären soll es geben im Norden,
auch aus solchen Sichtungen ist nichts geworden.
Rentiere hat Etzel, wie er getreulich berichtet,
auf seiner Reise ebenfalls nicht gesichtet.
Dafür hat er souveräne Schwäne erblickt,
an denen er sich am Svanesudd erquickt.
Und erst die schönen Frauen, gutartig und blond,
von friedfertiger Neutralität besonnt!
Etzel denkt: Europas Garten Eden
liegt vielleicht hier oben in Schweden.
Wär es im Winter nicht so fürchterlich kalt,
wär es der ideale Aufenthalt.
Ein edler Wunsch, ein frommer:
ach, wär doch in Schweden ewig Sommer!

(Island)

Aus Island bezieht Etzel Pullover und Mützen,
die ihn im Winter auch prächtig beschützen.
Um die Insel zu sehen in natura
fliegt er gleich nach einer Visite in Estremadura
zum Land, wo die Geysire husten und röcheln
und wo die Vulkane blubbern und köcheln.
Feuer und Eis machen Etzel heiß,
hier findet er zeitweilig sein Paradeis;
er badet in thermaligen Lagunen,
entziffert steinalte Runen,
betrachtet mit einer Touristenkolonne
voll Staunen die Mitternachtssonne
und besteigt mit seiner Freundin Thekla
den hochberühmten Vulkan Hekla,
wo einst Jules Vernes Phantasie erfand
den Zugang zum irdischen Unterland.
Thekla und Etzel kaufen Wollsachen ein
und kehren dann heim zu zwein.

(Zypern)

Nach manchen Nasenstübern
des Schicksals kommt Etzel nach Zypern
(besser wäre natürlich ein Reim mit Ypern,
aber was hat Ypern schon zu tun mit Zypern?),
wo sich die Griechen und die Türken
am liebsten gegenseitig erwürgen
(ein besserer Reim war nicht zu erwirken
in allen sprachlichen Bezirken).
Nach Zypern wurde (das weiß jeder Gitarrenzupfer)
benannt das edle Metall Kupfer.
Etzel aalt sich mit Augusta
am Strand von Famagusta,
speist mit Annika
in Larnaka,
flirtet mit Xenia
in Kyrenia,
turtelt mit Siri
in Akrotiri
und fliegt schließlich mit Greta
nach Kreta.

(San Marino)

Das winzige San Marino
ist ein alter Kleinstaatdino,
ein Relikt wie Andorra und Liechtenstein,
ein bißchen Berg, ein bißchen Gestein,
ein Ländchen, das will finanziell erstarken
mit seinen bunten Briefmarken.
Der Weltbereiser erklimmt San Marinos Höhen,
um von dort aus weit ins Land zu sehen,
ißt eine Pasta,
e basta,
und schon verläßt Etzelino
San Marino.

(Thailand)

Aus Thailand kommen die Siamkatzen
und "Zuckererbsen, bis daß die Schoten platzen".
Gespensterartig Etzel spuket
und fliegt in Windeseile nach Phuket.
Quietschvergnügt, mehr vergnügt als quietsch,
läßt er sich nieder am Kata Beach.
Omelett mit magischem Pilz
ist gut für Leber und Milz.
Papaya, Ananas und Mango,
"zwei alte Tanten tanzen Tango",
Fisch mit Reis und Bambussprossen,
weichgekochte Haifischflossen;
Mekongwhisky oder heißer Tee
runden ab das Beachsouper.
Wäre nicht manchmal das Meer zu dynamisch
und überschwemmte den Strand tsunamisch,
dann hätte Etzel fast gedichtet:
"Hier ist auf Erden schon das Himmelreich errichtet".

(CH)

In der Schweiz ist Etzel frustriert
und wird von der Fremdenpolizei schikaniert.
Da wird geschnaubt und nichts erlaubt,
die Bürokraten steigen ihm aufs Haupt.
Freunde geben ihm ein Tippchen:
schlag einfach der Fremdenpolizei ein Schnippchen,
lebe illegal in der Schweiz,
das hat seinen pikanten Reiz.
Sosehr die Fremdenpolizisten Etzel hassen,
sie bekommen ihn nicht zu fassen.
Er bleibt ohne Anmeldung von Beginn
und lebt ungestört vor sich hin.

(Die Heilung)

In China
bekam Etzel Angina,
weil er auf der Großen Mauer
zu lange lag auf der Lauer.
Aber seine alten Hunnen
führten ihn zu einem Gesundbrunnen.
Was das war für ein Wasser,
darüber schweigt der Verfasser.

(Rebekka)

Beim Pferderennen
lernte Etzel Rebekka kennen.
Sie gab ihm beim Wetten den richtigen Tip
und rief danach "Hurrahurrahiphip".
Mit dem gewonnenen Geld
reisten sie weiter um die Welt.
So ward Rebekka
Etzels Mekka.

(Lotsch)

Was war in Polen
für Etzel zu holen?
Er fuhr nach Lotsch
mit seinem Freund Manfred Botsch
und studierte das Leben verdienstvoller Personen,
die in Lotsch wohnten und wohnen.
Karl Dedecius, Atze Brauner und obendrein
der große Pianist Artur Rubinstein
kamen alle aus dieser Stadt.
Was die wohl Besonderes hat?
Als sie herausgefunden hatten das Geheimnis von Lotsch,
tranken sie einen doppelten Scotch,
und Etzel, der Entdecker,
fuhr nach Hause zu Rebekka.

(Marokko)

Etzel sieht den Film 'Die Brüder und Rocco'
und fährt anschließend nach Marokko.
Zunächst ein Aufenthalt, ein gar nicht langer,
in der Küstenstadt Tanger.
Dort muß Etzel hurtig laufen,
alle möglichen Leute wollen ihm etwas verkaufen.
Um diesen Kerlen zu entkommen,
befragt Etzel etwas benommen
sein tibetisches Tanka,
und das rät ihm: "Fahr nach Casablanca!"
Da muß er sofort an Ingrid Bergman denken
und läßt sich ins Kino versenken.
"Schau mir in die Augen, Kleines",
aber jetzt genug des Geweines –
Etzel in Casablancas Straßen investigativ
brilliert als bebrillter Privatdedektiv,
und mit starker Hilfe von Constantines Eddie
findet er das englische Mädchen Maddie,
das vor Jahren auf etwas absurde
Weise aus Portugal entführt wurde
und einem Mädchenhändlerring
ins engmaschige Netz ging.
Etzel bringt Maddie zurück in die Wohnung
ihrer Eltern nach England, und als Belohnung
wird er vom Königshaus zum 'Sir' ernannt
und wird auf die Schnelle weltbekannt.

(Mexiko)

In Mexiko
ist Etzel froh,
er darf dort sehen
riesengroße Kakteen
und wie die bienenfleißigen Mayas
Paläste bauten neben die Playas.
In der Sierra Madre
trifft Etzel einen Padre,
der wie einstens Montezuma
sich hält einen zahmen Puma
und wie Assisis Franz
mit anderen Kreaturen schließt eine Allianz.
Der Padre ist ein alter Ire
und versteht die Sprache fast aller Tiere.
Etzel lernt von ihm, auf die Natur zu hören
und sie nicht gewaltsam zu zerstören.
Er erholt sich in des Padres stiller Felsenhöhle
von dem Gejohle und Gegröle.
Nach seiner Rückkehr aus der Sierra
geht Etzel nach Volterra
und erneuert dort easy, easy
das alte Werk des Franz von Assisi.

(Prag)

In der goldenen Stadt Prag
findet Etzel, was er besonders mag,
viele gute Antiquariate,
wo er darf unter dem Patronate
der ausgefuchsten Bibliophilen
in schönen Büchern wühlen.
Groteskes und Kafkaeskes,
Burleskes und Pittoreskes –
alles findet er in den Schwarten,
wo sich die alten Geistesheroen offenbarten.
Danach folgt Etzel den Gerüchen
aus den vorzüglichen Prager Küchen,
und er will ein paar Tage vergeuden
mit den tschechischen Tafelfreuden,
bis er genug abgesahnt
und die Weltreisepflicht ihn wieder mahnt.

(Bali)

Auf Bali, der berühmtesten Insel von Indonesien,
ist Etzel nie gewesien.
Er wollte schon lange dahin zischen,
aber es kam immer etwas dazwischen.
Keine Endrunde, immer nur Quali –
so gelangte er nie nach Bali.
Er wollte so gerne hören, klungklingklang,
das Orchester Gamelang.
Er wollte sehen, wie die Balinesen glänzen
mit ihren biegsamen Körpern bei ihren Tänzen.
Er wollte auf den Reisterrassen
das balinesische Sozialsystem erfassen.
Er wollte mit seiner Gefährtin Uta
sich massieren lassen am Strande von Kuta.
Er wollte in der bunten Menschenmenge
genießen diverse Nasi Gorenge.
Wie schon gesagt, es kam immer etwas dazwischen –
impossible mission.

(Philippinen)

Auf den Philippinen
klappte es mit den Terminen.
Mit einem Anzug, ganz in lila,
kam Etzel an in Manila.
Es war sehr schwer, zu finden eine Klause;
er übernachtete in eines Taxifahrers Hause,
wie einstmals Charlie Chaplin in Mainhattan,
der fand besetzt alle Hotelbetten
und akzeptierte schließlich halbtot
des Taxifahrers Angebot,
in dessen Wohnung zu übernachten,
das war nicht zu verachten,
bald darauf stand alles in der Presse,
und der Taxifahrer bekam eine goldene Tresse.
Am Tag danach zog Etzel ziemlich schnell
in ein richtiges Hotel.
Manila ist eine Molochstadt,
wo man nicht viel zu genießen hat.
Etzel ließ sich bauchbepinseln
und fuhr hinaus auf die kleinen Inseln.
Dort aß er vor dem Schlummer
seines Lebens ersten Hummer.
Und Etzel wollte nicht verhehlen:
"Mehr kann ich von da nicht empfehlen".

(Malta)

Was für die Krim ist Jalta,
ist für das Mittelmeer Malta.
Das stimmt zwar nicht so genau,
aber jeder andere Reim wäre mau.
Etzel besichtigt Tempel und Steinzeithöhlen
und schützt sich gegen die Sonne mit diversen Ölen.
Viel Steine gibt's und wenig Grün,
kaum Wasser, da muß manches verblüh'n.
In Malta, im Altertum geheißen Melite,
soll Paulus gewesen sein auf Visite,
doch existiert noch eine andere Insel, die Melite hieß,
und so kam ein Gelehrter herbei, der bewies,
daß Paulus auf jener anderen Insel gewesen sei;
so ging die schöne, alte Legende entzwei.
Etzel kümmert sich nicht um den Gelehrtenstreit,
er verläßt die Insel bei nächster Gelegenheit.

(Texel / Tessel)

In Holland auf der Insel Tessel
bläst der Wind ohne jede Fessel.
Es schreibt sich Texel, das Eiland, aber Etzel weiß:
man spricht das 'Tessel' aus, ohne Scheiß.
Für Vögel ist das ein Zauberland,
sie kommen von überall her angerannt
und angeflattert und angeflogen,
sie wiegen sich dort auf den Wogen,
und mit Gusto sie sich erkühnen,
zu nisten auf allen erreichbaren Dünen.
Der Wind macht ihnen nichts aus, im Gegenteil,
sie finden das Lüftchen supergeil.
Etzel hingegen fühlt sich vom Winde verweht
und von den steifen Brisen verdreht.
Er überläßt den Vögeln das Revier –
Texel, das ist nicht sein Pläsier.
Zwar liebt er das Tierreich wie ein Kind,
aber bitte nicht mit so viel Wind.

(Portugal)

In Portugal
hört Etzel keine Nachtigall.
Dafür hört er einen Desperado
mit einem faden Fado.
Etzel trinkt aus Porto einen starken Wein,
der nebelt ihn völlig ein.
An der zerklüfteten Algarve
ist er unter fühlenden Brüsten die einzige Larve.
Bei Sagres vernimmt er voller Romantik
den heranschäumenden Atlantik.
In Montegordo
ist etwas schwächer der Pordo,
und im Alentescho
ist er noch viel schwächer.
Erst beim Vinho de Albufeira
beginnt für Etzel eine neue Ära.

(Madeira)

In Madeira mietet Etzel einen Escort
und begibt sich damit leise surrend fort.
Während die Stürme über die Gipfel jagen,
tastet er sich durch das Unwetter mit seinem Wagen.
Wo schwarzer Vulkansand liegt auf einem Haufen,
will man ihm eine Elfenbeinfigur verkaufen.
Im Radio hört er – "muy bonito" –
Mozarts Oper 'La Clemenza di Tito'.
Er kauft aus seinem Geburtsjahr einen Madeirawein,
und damit läßt er sich's gut sein.
Das Schöne an Madeiras Vergangenheit:
es gab hier nicht so viel Grausamkeit.
Als sie entdeckt wurde, war die Insel wie der Mond
von unten bis oben unbewohnt.
Hier wurden keine Ureinwohner abgeschlachtet
und keine einheimischen Häuptlinge entmachtet.
Bei der Entdeckung war auf der Insel nur Holz,
und deshalb nannten die Entdecker sie stolz
'Madeira'. Etzel darf fragen – du verzeihst –
was wohl 'Holz' auf Portugiesisch heißt.

(Das Azorenhoch)

Auf den Azoren
kommt Etzel sich vor wie neugeboren.
Er badet in heißen Thermalquellen
und fühlt seine Glieder schwellen
und erklimmt die Vulkane
und pflückt eine Banane.
Auch das Wetter
wird immer better,
und mit Hochgefühl
macht Etzel sein Kalkül:
von dieser Inselgruppe
hol ich mir eine Zuckerpuppe,
und dann geht's mit Herz
europawärts!

(Die Heimkehr)

Mit seiner azorischen Zuckerpuppe
und einer atlantiden Bauchtanzgruppe
reist Etzel auf einem Oceanliner
(der Kapitän ist ein Liechtensteiner)
nach Genua. Etzel steht vorn am Bug,
dann nimmt er einen schnellen Zug
und fährt mit seiner Azorin,
die braungebrannt ist wie eine Mohrin
und immer noch dunkler wird und bräuner
zum Staunen aller Zigeuner,
ins heimatliche Ungarland,
wo sie umschließt das Eheband.
Seine Azorin erlernt den Tschardas,
sie tanzt und fragt: "Wie war das?",
und alle klatschen und sind begeistert,
weil sie den Hunnentanz so gut bemeistert.

(Das große Stelldichein)

Etzel lädt ein paar Freunde ein
ins Hunnenland zum Stelldichein.
Es kommen mit viel Glanz und Gefunkel
Palmström, von Korf und Palma Kunkel.
Max und Moritz, Fips der Affe und Tobias Knopp
eilen herbei im Galopp.
Etzel ruft: "Oh niemals entbehr' ich
Ringelnatz, Biermanns Wolf und Kästners Erich!
Artur Rubinstein und Dietrich von Bern
seh' ich bei mir allzu gern.
Woody Allen, Charlie Chaplin und Buster Keaton
folgen meinem Anerbieten.
Pablo Neruda und Jorge Amado
finden bei mir ihr Eldorado.
Mark Twain, Friedrich Torberg, Heinrich Heine –
Narrenfreiheit, die ich meine.
Und mit großem Schellengerassel
kommt zum Schluß noch Bertrand Russell.
Rein, ihr Freunde, laßt uns feiern
unter Geiern und unter Wasserspeiern!“

Lieferbare Muribücher von Ulrich Erckenbrecht

Unter Bäumen, Gedichte, Übersetzungen, Epigramme,
ISBN 9783922494270, 10,- Euro

Elefant Kette Fuß bunne, Ausgewählte Gedichtsel,
ISBN 978392249420X, 10,- Euro

Grubenfunde, Lyrik und Prosa,
ISBN 9783922494218, 10,- Euro

Shakespeares Sonette in freier Übertragung,
ISBN 978392249417X, 10,- Euro

Brief über Chopin, Eine passionierte Einführung in Werk und Wirkung des größten Klavierkomponisten der Weltmusik,
ISBN 9783922494196, 10,- Euro

Die Unweisheit des Westens, Philosophie und Sprachkritik
ISBN 9783922494153, 10,- Euro

Die Geschichte vom Rotkäppchen, Ursprünge, Analysen, Parodien eines Märchens, Mit über 333 Rotkäppchenparodien, 15., auf 296 Seiten erweiterte Auflage,
ISBN 9783922494102, 10,- Euro

Die Sehnsucht nach der Südsee, Bericht über einen europäischen Mythos, 3., auf 24o Seiten erweiterte Auflage,
ISBN 9783922494249, 10,- Euro

Entkürzelungen, Ein Wegweiser durch die Welt der Abkürzungen, 2., auf 24o Seiten erweiterte Auflage,
ISBN 9783922494225, 10,- Euro

Hilfslinien, 234 Romanideen,
ISBN 9783922494232, 10,- Euro

Divertimenti, Wortspiele, Sprachspiele, Gedankenspiele,
ISBN 9783922494161, 10,- Euro

Eulenspiegel und die Banane, Theaterstück in vier Akten,
ISBN 9783922494256, 10,- Euro

Nachrichten von Herrn Etzel, Afforismen und Gedichtsel,
ISBN 9783922494287, 10,- Euro

Bezugsquelle: Erckenbrecht/Muriverlag, Im Weidengarten 19, D-34130 Kassel